Kurt Schlegel | Jochen Stegmaier

Musik-Themenhefte

VIDEOCLIPS

Verlag an der Ruhr

Impressum

Titel
Musik-Themenhefte:
Videoclips

Autoren
Kurt Schlegel, Jochen Stegmaier

Titelbildmotive Fotolia.com
Button-Foto © Bruce Parrott, Filmklappe © janaka Dharmasena, Kameramann © Maria.P.

Verlag an der Ruhr
Mülheim an der Ruhr
www.verlagruhr.de

Geeignet für die Klassen 7–8

Die hier im Heft angegebenen Links finden Sie auch unter www.verlagruhr.de/videoclips

Unser Beitrag zum Umweltschutz
Wir sind seit 2008 ein ÖKOPROFIT®-Betrieb und setzen uns damit aktiv für den Umweltschutz ein. Das ÖKOPROFIT®-Projekt unterstützt Betriebe dabei, die Umwelt durch nachhaltiges Wirtschaften zu entlasten. Unsere Produkte sind grundsätzlich auf chlorfrei gebleichtes und nach Umweltschutzstandards zertifiziertes Papier gedruckt.

ISBN 978-3-8346-0666-2

Printed in Germany

Inhaltsverzeichnis

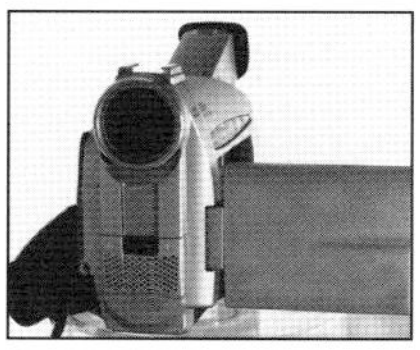

© A. Dreher/pixelio.de

Videodreh

© Elsa/pixelio.de

Musiker bebildern

© Rolf van Melis/pixelio.de

Filmmusik

© www.viva.tv

Musikvideo

Filmische Gestaltung 1/2

Für die Wirkung eines Videofilms spielt der Einsatz filmsprachlicher Mittel eine wichtige Rolle. Grundlagen sind hierfür folgende Elemente:

Filmgestaltung

- **Einstellung:** kleinste filmische Einheit/kontinuierlich belichtetes, ungeschnittenes Stück Film
- **Schnitt (Montage):** Wechsel zwischen einzelnen Einstellungen. Die Anzahl der Schnitte bestimmt das Tempo des Films. Es gibt den **harten Schnitt** (zwei Einstellungen folgen direkt aufeinander) und die **Überblendungen** (das alte Bild wird langsam aus- und das neue eingeblendet).
- **Einstellungsgröße:** Abstand des Objekts zur Kamera/Größe des Objekts auf dem Bild
- **Kameraperspektive:** die Höhe, aus der man ein Motiv aufnimmt, der Betrachtungswinkel, wie etwa Normalsicht/Untersicht/Aufsicht
- **Licht und Schärfe:** Licht und Schärfe schaffen Stimmung und Atmosphäre. In geschlossenen Räumen gibt der Weißabgleich der Kamera vor, welche Farbe sie als weiß sehen soll. So passt sich die Kamera an das vorhandene Licht an, damit die Gegenstände im Film farbecht aussehen.
- **Schwenks und Zoom:** Beim Schwenk verlässt die Kamera nicht ihren Standort. Sie wird auf dem Stativ gedreht. Es gibt **horizontale** und **vertikale Schwenks.** Beim Zoom wird die **Brennweite stufenlos verändert.** Das Objekt kommt scheinbar näher oder entfernt sich.
- **Erzählhaltung der Kamera:** Bei der **beobachtenden Erzählhaltung** bleibt die Kamera völlig statisch. Bei der **expressiven** (entfesselten) bewegt sich die Kamera wie ein selbstständiger Akteur und ermöglicht so mehrdimensionales Erzählen.
- **Erzählperspektive:** Entweder ist sie **objektiv** – jemand schaut z.B. in ein Mikroskop – oder **subjektiv** – der Zuschauer sieht, was die Person durch das Mikroskop sieht (Point-of-view-shot).

Kameraperspektiven

Für den Aufbau einer Videosequenz spielt die Kameraperspektive eine ganz wichtige Rolle.
Vor allem drei Begriffe sind in diesem Zusammenhang wichtig:
Die Normalsicht entspricht einer Auge-in-Auge-Perspektive. Die Kamera ist in gleicher Höhe wie das gefilmte Objekt.
Die Untersicht, also von unten aufgenommene Objekte und Personen erscheinen dagegen in ganz anderer Weise. Die Untersicht kann so wirken, dass eine Person als Held, Idol, Star oder mächtiger Mensch erscheint, oder sie kann im Zusammenhang mit Lichteffekten bedrohlich wirken. Besonders ausgeprägt wird diese Position auch **Froschperspektive** genannt.
Die Draufsicht/Aufsicht zeigt Gegenstände und Personen von oben und lässt sie dadurch kleiner, hilfloser, einsamer oder auch machtloser erscheinen. Man nennt diese Darstellungsform auch **Vogelperspektive.**

Kameraeinstellungsgrößen und Perspektiven

Generell werden sechs, manchmal aber auch sieben bis acht verschiedene Einstellungsgrößen unterschieden: **(Panorama), Totale, Halbtotale, (amerikanisch), halbnah, nah, groß, Detail.**
Die Angabe der Einstellungsgröße hilft bei der Planung und Durchführung der Videoaufnahme und zur Beschreibung, wie nah oder distanziert die Kamera das Geschehen verfolgen soll.
Die Wahl der Einstellung hängt davon ab, wie man etwas darstellen möchte: Was ist wichtig, was nicht, soll Nähe oder Distanz aufgebaut werden?

Filmische Gestaltung 2/2

Aufgaben

1. Ergänze die Bildbeispiele mit passenden Bildaufnahmen, z.B. aus dem Internet, und beschreibe die Wirkung der jeweiligen Kameraeinstellungsgröße.

Name	**Beschreibung/Wirkung**	**Bildbeispiel**
Totale		
Halbtotale		
Halbnahe Aufnahme		
Nahaufnahme		
Großaufnahme		
Detailaufnahme		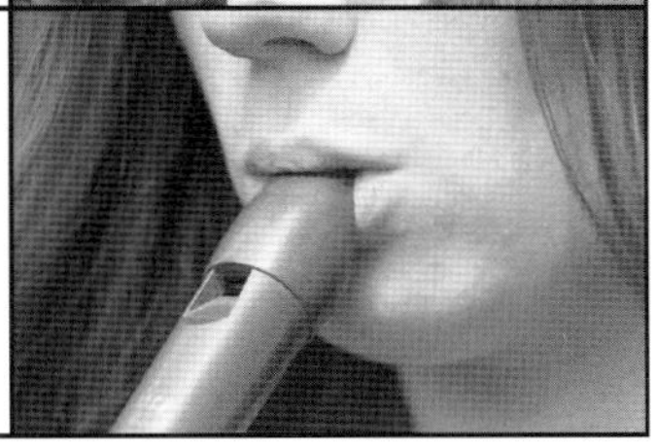

2. Welche Einstellungsgrößen kommen beim folgenden professionellen Musikvideo „Rockflute" (<u>www.youtube.com/watch?v=cRo5whIbau4&feature=related</u>) innerhalb der ersten Minute vor? Analysiere sie mit Hilfe einer Tabelle. Beschreibe darin zu jeder Einstellungsgröße die Musik, die gespielt wird.

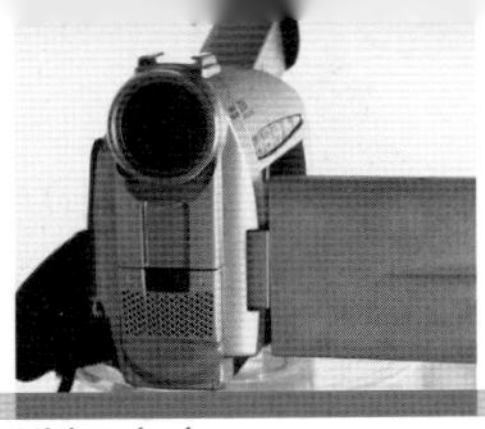

Kreuzworträtsel Filmsprache

Aufgabe

Löse folgendes Kreuzworträtsel zur Filmsprache (Beachte: ß = ss):

1. Wie viele grundlegende Kameraeinstellungen gibt es?
2. Abstand des Objekts zur Kamera
3. ungeschnittenes Stück Film
4. die Höhe, aus der man ein Motiv aufnimmt
5. Erzählperspektive, bei der der Zuschauer etwas wie die Filmperson sieht
6. Wechsel zwischen einzelnen Einstellungen
7. Die Brennweite der Kamera wird stufenlos verändert.
8. Die Kamera wird auf dem Stativ gedreht.
9. Einstellungsgröße, bei der die Abbildung einer oder mehrerer Personen in der Umgebung gezeigt wird
10. Kameraeinstellung, bei der eine Person von der Hüfte an aufwärts gezeigt wird
11. Kameraeinstellung, die einen Menschen von Kopf bis Fuß zeigt
12. Kameraperspektive, bei der ein Mensch oder Objekt extrem von unten aufgezeichnet wird
13. Wodurch kann man bei Aufnahmen in Räumen bei Kunstlichtaufnahmen farbechte Aufnahmen erreichen?
14. Mit welcher Kameraeinstellungsgröße kann man besonders gut Emotionen und innere Zustände darstellen?
15. In welcher Kameraeinstellungsgröße dominiert die Umgebung vor der Person?

Musikinstrumentencheck 1/2

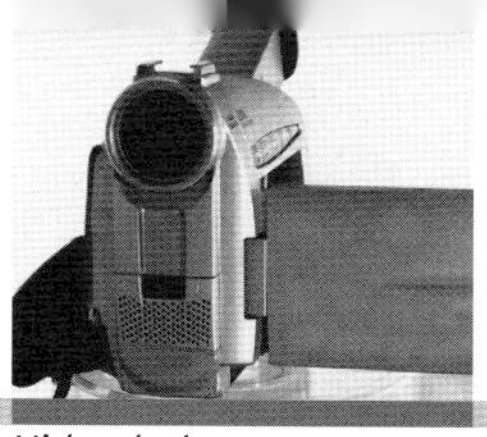

Das ist mein Instrument – Geschichte, Sound, Spieltechnik

Weißt du, wer in deiner Klasse welches Instrument spielt und wie es klingt? Wie klingt z.B. ein Horn? Was ist der Unterschied zwischen einer Violine und einem Violoncello? Wieso bekommt man beim Schlagzeugspielen keine Knoten in die Arme und Beine? Welche Sounds können auf einer E-Gitarre gespielt werden?

Diese Fragen und noch viele andere könnt ihr durch eine **Video-Dokumentation** anschaulich beantworten, und das ohne großen Aufwand und ohne Computer. Ihr schneidet durch überlegtes Filmen den Beitrag direkt auf der Kamera und schaut euch das Ergebnis über einen Beamer oder Fernseher an.

Auf los geht's los – Schritte zum Video

1. Thema klären – Welches Instrument soll vorgestellt werden?
2. Einteilen der Teams und Rollen
3. Informieren und filmische Gestaltung vorbereiten
4. Drehbuch erstellen
5. Video drehen – Probeaufnahmen mit der Kamera
6. Video präsentieren

Aufgaben

Ein Musikinstrument wird anhand einer 2–3 minütigen Videodokumentation vorgestellt: Spieltechnik, Klangeigenschaften usw.

1. Bildet je nach Thema verschiedene Arbeitsteams. Legt für jedes Team einen Arbeitsplan wie den folgenden an:

Arbeitsrollen Instrumentenvideo	
Gruppenname	z.B. „Die fantastischen Flöten“
Drehbuch (alle)	
Regie (2 Personen)	
Kamera/Beleuchtung (2 Personen)	
Ton (1 Person)	
Sprecher (1–2 Personen)	
Musiker (1–2 Personen)	
Instrumente/Requisiten (alle)	
Maske/Schminken (1 Person)	
Schnitt	auf der Kamera

Musikinstrumentencheck 2/2

2. Informiert euch zunächst über die Fakten zum Instrument, und schreibt einen kleinen Infotext für das Drehbuch. Ihr könnt folgende Inhalte als Orientierung für euren Beitrag benutzen: **Allgemeines** (Instrumentenfamilie: Material/Farbe/Größe/Tonumfang/Herkunft/Instrumentenklasse), **Geschichte**, **Technik**, **Bauformen**, **Hörbeispiele.**

3. Wie können diese Inhalte in Szene gesetzt werden? Schaut euch das Beispiel für eine Instrumentenvorstellung auf YouTube® an: www.youtube.com/watch?v=9bKLhzY42PQ

4. Bevor ihr mit dem Dreh beginnen könnt, solltet ihr ein **Drehbuch** erstellen. Es hilft, die Arbeit zu koordinieren und Zeit zu sparen. Das Drehbuch beinhaltet detailliert alle Informationen über die Regie, die Bilderfolge, die zeitliche Dauer der Einstellungen, die Gestik und Mimik der Schauspieler, die Handlung, den Ton, die Musik; alles in chronologischer Reihenfolge für jede einzelne Einstellung. Ein **Storyboard** ist eine zeichnerische Version eines Drehbuchs oder eine Visualisierung eines Konzeptes oder einer Idee. Euer Drehbuch/Storyboard sollte folgendermaßen aufgebaut sein:

Einstellung	Zeit	Sprechtext/Musik	Szenenbeschreibung	Bild
1				
2				

5. Nun geht's los: Jeder bereitet den Dreh entsprechend der Aufgabe, die er übernommen hat, vor. Probt euren Film dann mehrmals, damit beim Drehen nichts schiefgeht. Vor den eigentlichen Videoaufnahmen sind Probeaufnahmen hilfreich. Sie ermöglichen es, mit technischen Problemen umzugehen, und vermeiden Frust. Bevor ihr mit dem Dreh beginnt, noch einige technische Tipps:

- Die Kamera-Akkus einen Tag vor der Aufnahme laden.
- Benutzt ein Stativ, damit die Bilder nicht verwackeln.
- Einstellungslängen nur so lange wie nötig; bei Totalen länger als bei Großaufnahmen. Je weiter die Person von der Kamera entfernt ist, umso länger muss die Aufnahme laufen (Zeiten zwischen 2–8 Sek.), weil der Betrachter des Films die Szene, Personen, Örtlichkeit etc. visuell aufnehmen muss.
- Nur wechselnde Einstellungsgrößen aneinanderfügen (z.B. nicht Totale auf Totale).
- Kein Schnitt in Schwenks oder Zooms.
- Benutzt einen Kopfhörer, damit ihr die Lautstärke und Tonqualität überprüfen könnt.
- Achtet auf ausreichendes Licht. Außenaufnahmen sind häufig einfacher als die Aufzeichnung in Räumen. Hier ist häufig ein Weißabgleich der Kamera notwendig.

Macht die Aufnahmen dann exakt nach eurem Drehbuch: Ihr solltet nachher nicht schneiden müssen.

6. Schaut die fertigen Filme zum Schluss im Klassenverband an.

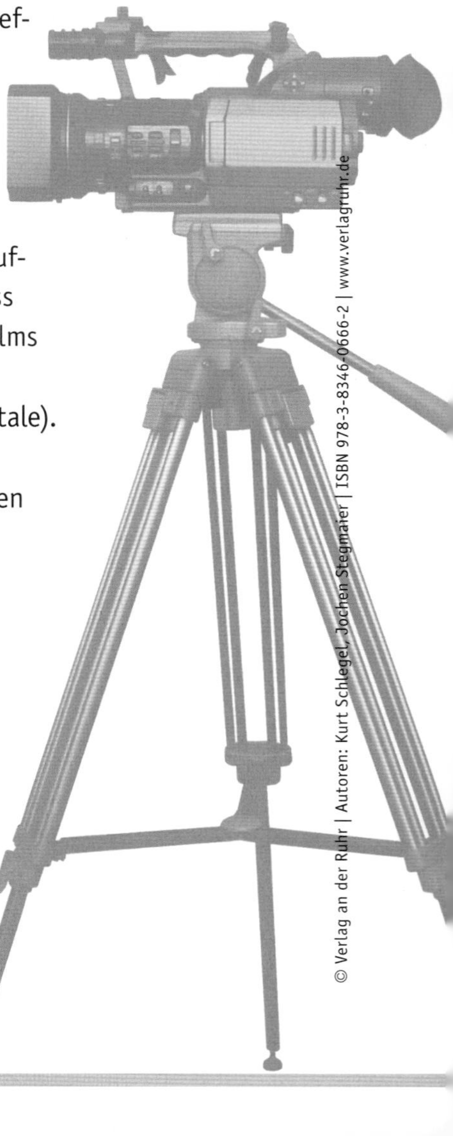

Videoumfrage 1/2

Findet ihr es spannend, zu erfahren, welche Musik an eurer Schule oder in eurer Stadt angesagt ist? Oder wollt ihr wissen, wie die Leute die Musikszene dort beurteilen? Um solche Fragen zu klären, bietet sich eine **Videoumfrage** an.

Kennzeichen:

Eine einzige, immer wiederkehrende Frage wird an viele Menschen gestellt.

Funktion:

Die Umfrage als Videobeitrag ist keine statistische Erhebung, sondern gibt ein Stimmungs- oder Meinungsbild wieder.

Themen:

Eine Umfrage bietet sich zu allen musikalischen Themen an, z.B.:

- Wie beurteilen die Befragten einen musikalischen Stil?
- Wie finden die Besucher die Veranstaltung, die gerade stattfindet?
- Was halten die Menschen von ...?

Auch die Frage nach der Bedeutung eines Musikstiles, eines Fremdwortes aus der Musik oder einer skurrilen Abkürzung eignet sich für eine Umfrage.

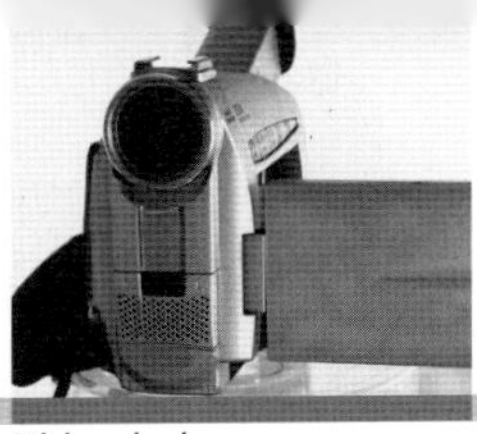

Videoumfrage 2/2

Tipps für gute Umfragen:

- Stellt offene Fragen, d.h., euer Gegenüber darf nicht nur mit „ja" oder „nein" antworten. Beispiel: „Was haltet ihr von ...?"
- Bei den Antworten nicht nachhaken, sonst wird aus einer Umfrage schnell ein unbeabsichtigtes Gespräch.
- Die Fragen immer gleich formulieren, sonst passen möglicherweise die Antworten später nicht zueinander. Also nicht einmal: „Was haltet ihr von dem Gitarrensolo von ..." und dann „Wie sollte eurer Meinung nach ein gutes Gitarrensolo aussehen?"
- Achtet auf den Aufnahmeort: Zu viele Hintergrundgeräusche, z.B. an einer stark befahrenen Straße, können die Tonqualität negativ beeinträchtigen.
- Am Computer beim Schneiden werden die Antworten gemischt: Vor allem ist darauf zu achten, dass die unterschiedlichen Aussagen gleichermaßen berücksichtigt werden.

Aufgaben

Erstellt eine kurze Videoumfrage zu einem Thema aus dem Musikunterricht (z.B. Musikrichtung) oder zu einem musikalischen Event in eurer Stadt. Geht dazu in folgenden Schritten vor:

a) Vor der Aufnahme sollte die jeweilige Gruppe eine klare Idee oder Frage für eure Umfrage/Interview haben. Sammelt dazu Ideen, z.B.
- Wie heißt der Sommerhit 2011?
- Welche Musikrichtungen hörst du gerne und warum?
- Beschreibe deinen Lieblings-Videoclip.

Ergänzt die Liste, und einigt euch in eurem Team auf ein zentrales Thema.

b) Es sollte klar sein, wer welche Aufgabe im Team übernimmt. Wählt Verantwortliche für Kamera, Ton, Sprecher, Cutter und Regie.

c) Erstellt ein Drehbuch zu eurem Thema. Überlegt euch dabei auch, an welchen Orten die Umfrage sinnvoll durchgeführt werden kann.

Szenennummer	Ort	Frage(n)	Geräusche/ Musik	Kameraeinstellungsgröße
1.				
2.				

d) Führt die Dreharbeiten durch.

e) Schneidet das Ergebnis mit einem Videoschnitt-Programm, z.B. dem Movie Maker®. **Achtung:** Der ganze Beitrag sollte nicht länger als 3 Minuten sein.

Bandinterview 1/2

Um Musiker und Bands besser kennenzulernen, bietet es sich an, mit ihnen ein Interview zu führen.

Kennzeichen:

Das Grundprinzip eines Interviews lautet: „viele Fragen an eine Person oder Musikgruppe stellen."

Funktionen:

Ein Interview kann verschiedene Funktionen erfüllen:

- Es kann um die Vorstellung eines Musikers oder einer Gruppe gehen.
- Es kann darum gehen, eine Meinung oder Wertung eines Experten (z.B. DJ oder Dirigenten) einzuholen.

Tipps für gute Interviews:

Vor dem Interview sollte man folgende Fragen klären:

- Was interessiert mich am Thema – was soll der Zuschauer davon haben? (D.h., ich muss das Infoziel festlegen)
- Weiß ich selbst genug über das Thema/die Person, um gute Fragen stellen zu können? Wo könnte ich die nötigen Informationen herbekommen?
- Habe ich meine Fragen sorgfältig vorbereitet? (Schreibe deine Fragen ruhig auf. Beim Interview selbst ist es dann aber besser, die Fragen frei vorzutragen, anstatt sie vom Blatt zu lesen.)

Beim Interview selbst sind einige wichtige Aspekte zu beachten:

- Stimmt die Gesprächsatmosphäre?
- Hauptperson beim Interview ist der/die Befragte, das Interview dient nicht der Selbstdarstellung des Reporters.
- Nimm den Interviewpartner ernst, d.h., höre genau zu, und hake bei einem interessanten Punkt nach.
- Immer nur eine Frage stellen, nicht mehrere gleichzeitig. Der Befragte weiß sonst nicht, auf welche Frage er zuerst antworten soll oder sucht sich die Frage aus, die ihm am angenehmsten ist.
- So genannte „offene" Fragen sind besser als „geschlossene". Offen sind solche Fragen, die dem Antwortenden nicht nur ein „Ja" oder „Nein" ermöglichen, sondern ihn zu ausführlicheren Antworten einladen. Also Fragen wie „Warum, wie kam es zu …?", „Was haltet ihr von?", „Wie sind eure nächsten Pläne und Ziele?" etc.
- Keine Angst vor Pausen, der Interviewpartner sollte auch Zeit zum Nachdenken haben.

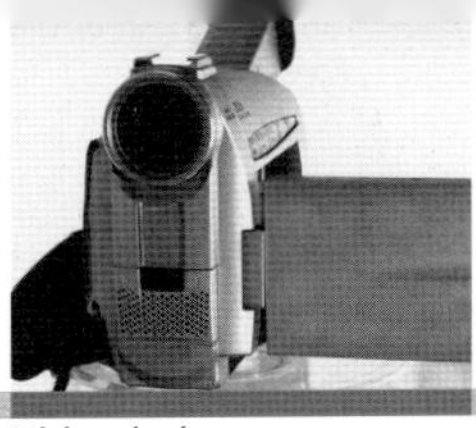

Bandinterview 2/2

Aufgaben

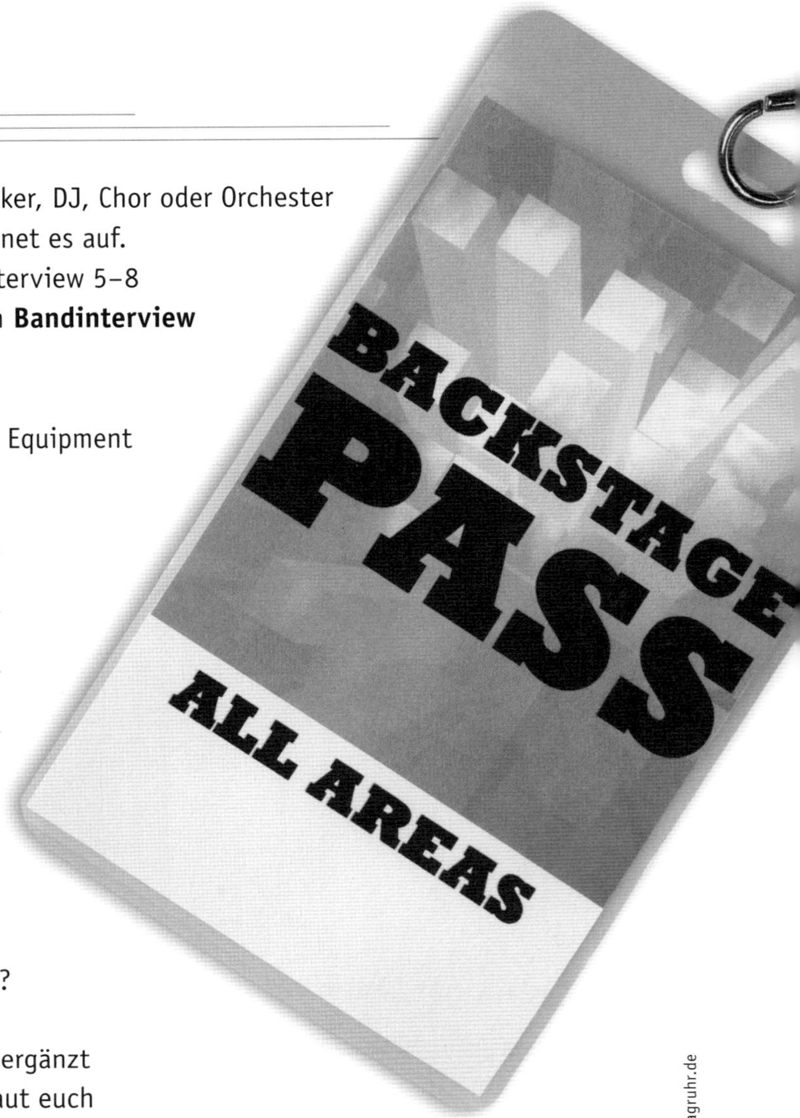

Führt ein Videointerview mit einer Band, einem Musiker, DJ, Chor oder Orchester (z.B. im Proberaum, in der Schule ... etc.), und zeichnet es auf.

a) Bevor ihr ein Drehbuch erstellt, sollten für ein Interview 5–8 aussagekräftige Fragen formuliert werden. Für ein **Bandinterview** können folgende Fragen hilfreich sein:

1. Wer spielt in eurer Band welches Instrument?
2. Was habt ihr für Technik mit an Bord? Welches Equipment formt euren speziellen Sound?

   a. Gitarre: ______________________________

   b. Bass: ______________________________

   c. Keyboards: ______________________________

   d. Drums: ______________________________

3. Wie habt ihr euch zusammengefunden und seid auf euren Bandnamen gekommen?
4. Wie würdet ihr selbst euren Sound beschreiben?
5. Wie sieht die lokale Bandszene bei euch aus?
6. Wo kann man euch in diesem Jahr live erleben?
7. Was sind eure Pläne für dieses Jahr?

   Überprüft die Fragen zum Bandinterview, und ergänzt ggf. Fragen, die euch wichtig erscheinen. Schaut euch als Anregung folgendes Interview mit Culcha Candela auf YouTube® an: www.youtube.com/watch?v=UgCjFEVVkBc

   Welche Fragen passen für ein Interview mit dem **Schulchor** oder **Musikern, die an einem Wettbewerb** teilnehmen? Schaut euch das folgende Video an: www.youtube.com/watch?v=IRH_iRsWrq4

   Entwerft ca. 5–8 Fragen für ein Interview mit einem **DJ** oder einem anderen **Solomusiker.** Schaut euch als Anregung ein Interview mit Lady Gaga (www.youtube.com, Suchbegriff: Lady Gaga im Interview Teil 1) an.

b) Ihr solltet nie ohne Projektskizze anfangen, zu filmen! Es ist auf alle Fälle besser, eine Ideenskizze zu einem Minidrehbuch und einem Drehplan auszuarbeiten. Das Minidrehbuch für ein Interview kann folgende Einteilungen enthalten: Szenennummer, Ort, Frage(n), Geräusche/Musik, Kameraeinstellungsgröße.

c) Führt anschließend die Dreharbeiten durch.

d) Schneidet das Ergebnis mit einem Videoschnitt-Programm, z.B. dem Movie Maker®. **Achtung:** Der ganze Beitrag sollte nicht länger als 3 Minuten sein.

Programm-Musik „Die Moldau“

„Die Moldau“ von Bedrich Smetana ist eine Programm-Musik, d.h., die **Musik erzählt eine Geschichte**. Deshalb ist „Die Moldau“ auch gut geeignet, um mit einem Video visualisiert zu werden.

Aufgaben

1. Höre dir „Die Moldau“ von Smetana an, z.B. unter www.classiccat.net/smetana_b/biography.htm

2. Das Werk kannst du in verschiedene Teile untergliedern. Lade das Stück als MP3 auf den Computer. Öffne den Sound-File mit dem Movie Maker (Audio importieren). Lies die Zeiten der einzelnen Teile ab, und trage sie in die folgende Tabelle ein.

Ablauf	**Zeit**
1. Die Quellen	0.00 – 1.04
2. Der Fluss	
3. Waldjagd	
4. Bauernhochzeit	
5. Mondschein – Nymphenreigen	
6. St. Johann-Stromschnellen	
7. Der Fluss strömt breit dahin	
8. Prag	
9. Der Fluss entschwindet in der Ferne	

3. Setzt euch in Gruppen zusammen: Zeichnet zu den einzelnen Stationen eigene Bilder,
   - entweder mit der Software Paint, Standardsoftware (beim Betriebs-system mit integriert),
   - oder auf Papier, dann muss es gescannt oder fotografiert werden, damit man es am Computer verwenden kann,
   - oder ihr ladet passende Bilder aus dem Internet herunter (Bildersuche).

4. Ladet alle Bilder (aus allen Gruppen) in den Movie Maker (Bilder importieren), und zieht die Bilder an die passenden Stellen. Ihr solltet ungefähr alle 10–15 Sekunden ein neues Bild zeigen.

5. Fügt an den passenden Stellen die Titel ein (Titel oder Nachspann erstellen). Die Titel könnt ihr der Tabelle entnehmen.

6. Speichert den Film auf dem Computer, und stellt euch gegenseitig die Ergebnisse vor.

7. Sucht euch ein anderes Musikstück aus, und illustriert es wie zuvor. Um den Film lebendiger zu gestalten, könnt ihr auch Übergänge einbauen.

Wir lagen vor Madagaskar

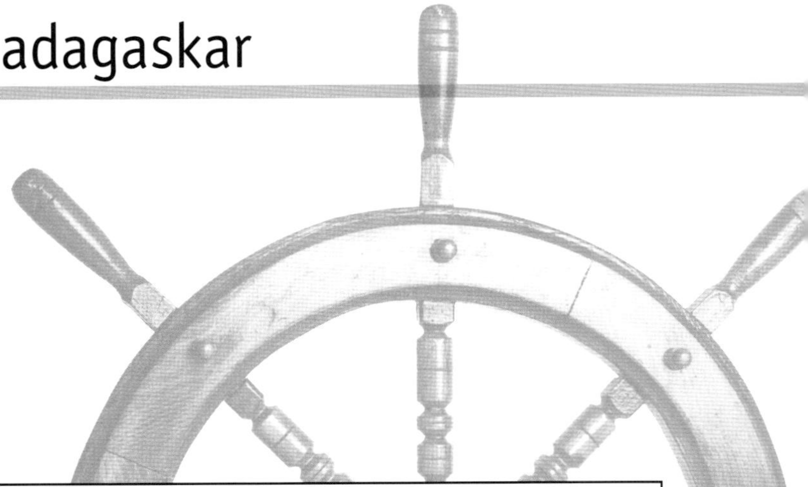

„Wir lagen vor Madagaskar“ ist ein weit verbreitetes **Seemannslied**, das vermutlich 1934 von **Jost Scheu** komponiert wurde. Das Lied wird heute noch von Rockmusikern, wie z.B. den Ärzten, bei ihren Live-Auftritten gesungen.

Aufgaben

1. Übt gemeinsam, das Lied mit allen drei Strophen zu singen. Überlegt euch, in welchem Stil ihr das Lied singen wollt. (Ihr könnt euch Beispiele im Internet ansehen, z.B. auf YouTube®.)
2. Sucht gemeinsam eine passende Begleitung zum Lied. Welcher Rhythmus und welche Instrumente eignen sich?
3. Zeichnet das Lied und die Begleitung am besten digital auf (Laptop oder MP3-Aufnahmegerät).

Trickfilm aufnehmen 1/2

Man kann mit Computern und dem entsprechenden digitalen Zubehör heutzutage leicht **Trickfilme und Animationen herstellen**. Es gibt generell drei unterschiedliche Methoden, Trickfilme zu erzeugen.

1. **Zeichentrick**
2. **Legetrick**
3. **Modellanimation, z.B. Knetanimation**

Die Aufnahmen können dabei mit einer Videokamera oder einem Scanner hergestellt werden. Am einfachsten und schnellsten könnt ihr mit der Legetricktechnik arbeiten.

Tipps für Legetricks:

- Legt die Anzahl der Bilder zu Beginn der Arbeit fest: Ihr benötigt pro Sekunde Film 12 Bilder.
- Um dreidimensionale Effekte auch im flachen Legetrick zu erreichen (z.B. eine Figur versinkt im Wasser), kann man einen Schlitz in den Hintergrund schneiden, in den die Figur schrittweise hineingeschoben wird.
- Detaillierte Informationen zu Bewegungsphasen, Vorlagen von Papierpuppen und verschiedenen Gehphasen sowie die Vorlage für ein Storyboard findet ihr im Internet, z.B. unter www.mediamanual.at/mediamanual/workshop/video/animation/animat_14.php

Informationen zum Legetrick

Beim Legetrick **werden vor dem gezeichneten oder gebastelten Hintergrund zweidimensionale Figuren schrittweise bewegt.** Die Kamera ist fest installiert (Stativ) und nimmt nach jedem Schritt ein Bild auf. Der Legetrick funktioniert auch mit dem Scanner. Damit eine Bewegung dann auch flüssig wirkt, müssen die Bewegungen in kleinschrittige Phasen aufgeteilt und vorher genau geplant werden.

Aufgaben

Nehmt zu dem Lied „Wir lagen vor Madagaskar“ in Gruppen einen Trickfilm auf.
Geht dazu folgendermaßen vor:

a) Legt eine Tabelle an:

Nr.	Liedtext	Szene: erstes Bild oder Hauptinhalt	Musik/Geräusch
1	Einleitung – Vorspann		
2			
3			
4			
6			
7			
8			
9			

Tragt den Text sinnvoll gegliedert in die Liedtextspalte ein.

b) Was lässt sich bildlich gut darstellen? Skizziere jeweils den Hauptinhalt in der entsprechenden Spalte. Einigt euch auf ein Motiv, das ihr für euren Film benutzen wollt.

c) Legt die Anzahl der benötigten Bilder fest. Ihr solltet die Länge eurer Songaufnahme als Zeitmaß für euren Film wählen.

d) Fertigt zu jeder Szene ein Hintergrundbild, und malt die einzelnen Figuren oder Gegenstände, die sich im Film bewegen sollen.
Ihr könnt auch Realgegenstände benutzen, z.B. Muscheln etc.

e) Zeichnet euren Trickfilm auf:

- Schließt eine Videokamera oder Webcam an euren Computer an.
- Installiert das Programm „MonkeyJam“ auf eurem Computer. (http://download.chip.eu/de/MonkeyJam-3.0-beta_262758.html)
- Schaut euch das Tutorial zu dem Programm „MonkeyJam“ an, oder lest das Tutorial, und stellt das Programm ein, z.B. unter www.mediacultureonline.de/fileadmin/trickfilm/Trickfilmkoffer/4-Trickfilmkoffer-SW-Anleitung.pdf oder www.youtube.com/watch?v=joEXV3LwMWI
- Macht zwei Probeaufnahmen, z.B. wie das Schiff sich auf dem Meer bewegt.
- Zeichnet den Trickfilm auf, und speichert ihn im unkomprimierten AVI-Format ab.

Aufgaben

Bearbeitet euren Trickfilm nach folgender Anleitung:

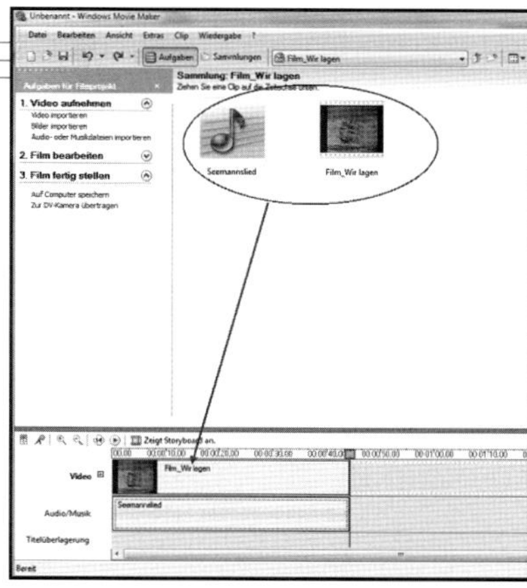

a) Den Film (.avi Datei) in das Videobearbeitungsprogramm Movie Maker importieren.

b) Das Lied (.avi Datei) ebenfalls in das Videobearbeitungsprogramm Movie Maker einlesen.

c) Beide Dateien einfach in das Bearbeitungsfenster ziehen.

d) Die einzelnen Bildsequenzlängen auf den Ton anpassen.

e) Unter Menüpunkt „Extras“ einen Titel- und Abspann erzeugen.

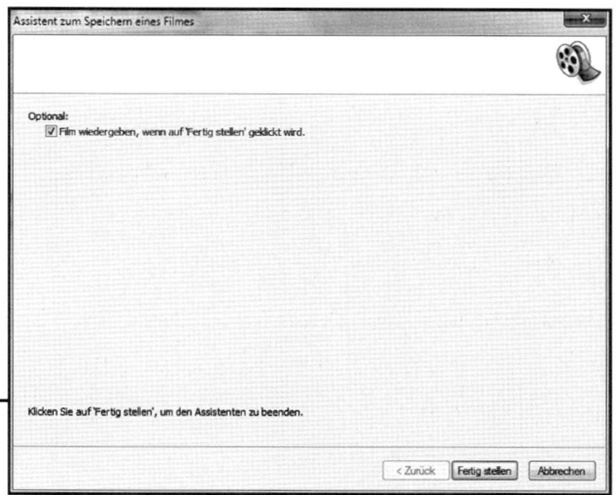

f) Film unter Menüpunkt „Auf Computer speichern“ im DV-AVI-Format abspeichern.

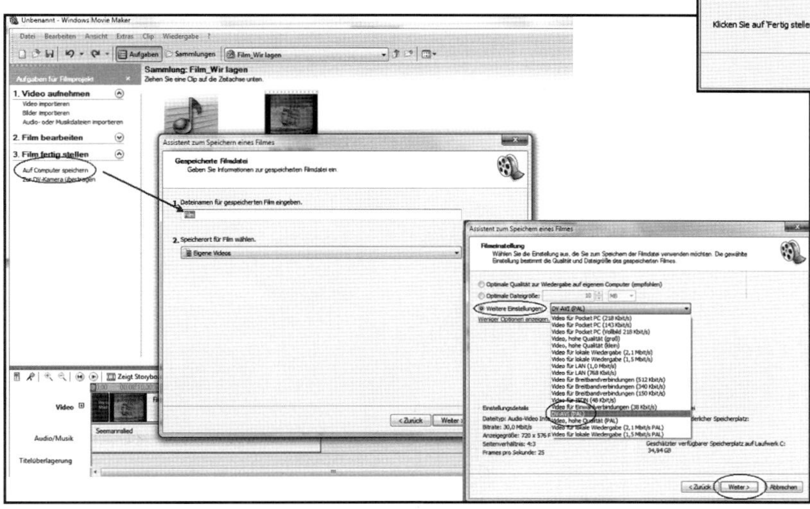

Trickfilm Feedback

Wer Trickfilme macht, dem hilft eine genaue **Rückmeldung**, damit er weiß, was gelungen ist oder was er noch besser machen kann.

	++	+	–	– –
1. Wird die zentrale Aussage des Liedes/der Geschichte im Film erfasst?				
2. Wurde mit den Bildern Spannung erzeugt?				
3. Wie ist die Qualität der Bilder (Form und farbliche Abstimmung, Originalität)?				
4. Wurden die Bewegungen im Film flüssig dargestellt?				
5. Wie waren Bild und Ton aufeinander abgestimmt?				
6. Wurden Effekte eingesetzt? Wenn ja, wie (z.B. Zeitlupe etc.)?				
7. Wie war die musikalische Umsetzung des Liedes (Intonation/Rhythmus)?				
8. Wie ist die Qualität der Tonaufnahme zu beurteilen?				
9. Wie war die Gestaltung des Titels und des Abspanns (z.B. Schrift gut lesbar etc.)?				
10. Was ich sonst noch bemerkt habe:				

Aufgaben

1. Fülle den Feedbackbogen zunächst allein aus. Diskutiert eure Ergebnisse danach in einer Vierergruppe. Erstellt eine gemeinsame Bewertung des Films in eurer Gruppe.

2. Fasst eure Gruppenergebnisse anhand einer Folie oder eines Plakates in einem Klassenfeedback zusammen.

Techno-Collage: Meet the Beat

Fraktale sind Bilder, die aus mathematischen Formeln entstehen. Zoomt man weiter hinein, so erscheinen immer neue Strukturen, die sich in kleinerer Form wiederholen, aber nie genau gleich aussehen, sondern immer nur ähnlich.

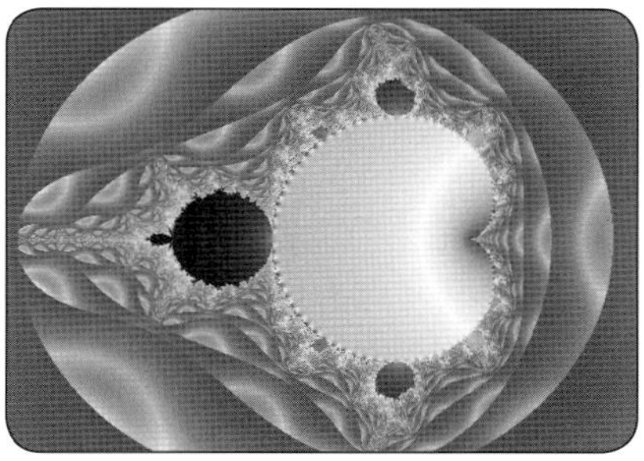

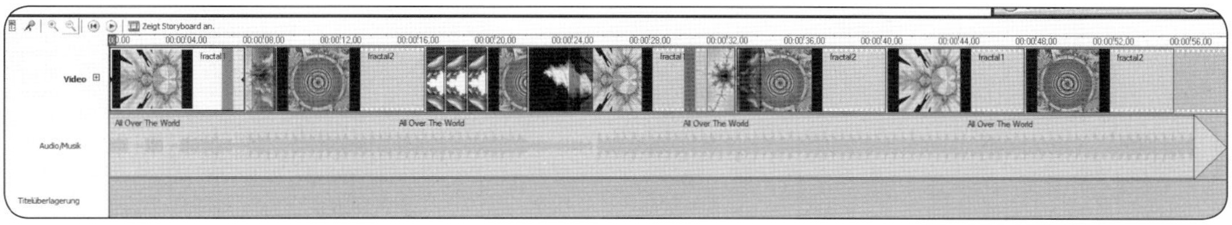

Aufgaben

1. Informiere dich über die Geschichte der Fraktale, z.B. unter www.fractalizer.de oder bei Wikipedia.
2. Erstelle mit einer Fraktal-Software (z.B. unter www.fractalizer.de oder www.dienstplan-editor.de) Bilder oder ganze Animationen.
3. Lade aus dem Internet eine Technomusik herunter, z.B. von www.jamendo.com/de/radio/dance. Analysiere die Musik: Wo sind musikalische Wechsel, wo ist der Beat?
4. Lade die Animationen, die Bilder und den Sound in deinen Movie Maker.
5. Setze die Bilder und Animationen auf den Beat. Achte auf einen genauen Einsatz. Verwende Übergänge, um den Film spannender zu machen.
6. Ihr könnt auch die schönsten Bilder ausdrucken und mit MP3-Playern eine multimediale Ausstellung machen.

Stummfilmmusik – Pacific 231

Nicht immer gab es den Film mit Musik. In den Anfängen (vom Beginn des 20. Jahrhunderts bis zur Erfindung des Tonfilms Ende der 1920er-Jahre) war der **Film schwarzweiß und komplett ohne Ton**, da es keine Möglichkeit gab, Bilder und Ton gleichzeitig aufzunehmen sowie diese zeitlich passend abzuspielen.

Damit aber das Geräusch des Filmgeräts nicht so störte und der Film spannender war, spielte man **Livemusik** dazu. Diese kam in der Regel entweder **von einem Orchester oder einem Klavier**. Zu einigen Filmen wurde direkt eine passende Musik komponiert, die das Orchester dann sekundengenau umsetzen musste. Bei unbekannteren Filmen oder Kinos, die sich kein eigenes Orchester leisten konnten, improvisierte meistens ein Klavierspieler frei zu den Bildern, die er auf der Leinwand sah. Einer der bekanntesten Stummfilmschauspieler und -regisseure war **Charlie Chaplin**. Er komponierte die Begleitmusik zu allen seinen Filmen selbst. Aber auch bekannte Komponisten beschäftigten sich mit dem Medium Film. „Pacific 231" ist ein sinfonischer Satz von **Arthur Honegger** aus dem Jahr 1924. Dieser erzählt mit musikalischen Mitteln von der Fahrt eines Schnellzuges mit einer Pacific-Dampflokomotive.

Aufgaben

1. Suche auf YouTube® den Film „Pacific 231" mit Musik von Arthur Honegger (www.youtube.com/watch?v=rKRCJhLU7rs&feature=related). Schaut die ersten fünf Minuten des Films ohne Musik an, und überlegt gemeinsam in der Klasse, wie ihr wann mit Orff-Instrumenten (Glockenspiel, Xylophon, Klangstäbe, Trommeln, Triangel usw.) eine Filmmusik erzeugen könnt:

a) Welche Instrumente könnt ihr einsetzen?

b) Erstellt dazu eine grafische Notation.

Nutzt dazu eine Tabelle wie die folgende:

Situation	Zeit	Instrument	Grafische Notation
Zug im Bahnhof	0.00 – 1.27	Schüttelrohr,	

2. Lasst den Film ein weiteres Mal laufen, und spielt mit den Instrumenten dazu. Genauso wurde früher zu Filmen Musik gemacht.

3. Hört euch den Film mit der Original-Filmmusik an. Vergleicht sie mit eurer Begleitung: Welche Instrumente hat Honegger benutzt? Wie hat er die Geräusche der Zugfahrt in Musik umgesetzt?

4. Ergänzung für Fortgeschrittene: Lade dir den Film herunter, und wandele ihn mit der Software „Super" (www.chip.de/downloads/SUPER-2010_17370353.html) in das Format .wmv um. Öffne diese Datei mit dem Movie Maker, und nimm eine eigene Musik dazu auf (mit dem Mikrofon links unten kannst du bei Movie Maker die Audioaufnahme starten).

Der Ton macht den Film

1927 kam mit „Der Jazzsinger" der erste **Tonfilm** in die Kinos. Aber schon dort beschränkte man sich nicht darauf, die natürlichen Geräusche einer Szene wiederzugeben, sondern setzte bereits **Musik im Hintergrund** ein. **Filmmusik** begleitet i.d.R. den gesamten Film und hat dabei mehrere Aufgaben: Sie kann zur **Unterstützung der Grundstimmung** (gruselig, komisch, tragisch, romantisch usw.) des Films beitragen, **Stimmungen in einer bestimmten Szene erzeugen und Gefühle beim Zuschauer wecken.** Eine Szene kann sogar durch unterschiedliche Filmmusik verschiedene Richtungen bekommen, d.h., dem Zuschauer wird allein durch die Musik eine bestimmte Deutung der Szene vorgegeben. Bekannte Filmkomponisten sind **Ennio Morricone** („Spiel mir das Lied vom Tod", „Zwei glorreiche Halunken"), **John Williams** („Star Wars", „Indiana Jones") **Danny Elfman** („Alice im Wunderland") oder **Hans Zimmer** („Sherlock Holmes", „Inception").

John Williams

Aufgaben

1. Lade den Filmausschnitt von „Cleopatra", „Harry Potter and the goblet of fire" oder „Ice Age 2" (www.archive.org/details/feature_films – sucht nach „Cleopatra Trailer 1963", „Harry Potter and the goblet of fire Trailer" und „Ice Age 2 Trailer") herunter, und schaue sie dir an. Überlegt gemeinsam: Was ist ein Trailer? Erstellt eine Definition in der Klasse.
2. Wie würdet ihr die Musik in den Trailern beschreiben: langweilig, spannend, lustig, traurig? Oder findet ihr noch weitere Adjektive dafür?
3. Passt die Musik zum Trailer? Begründet eure Meinung.
4. Ladet in Gruppen den Filmausschnitt in den Movie Maker. Sucht über „Jamendo" (www.jamendo.com/de) oder „Classic Cat" (www.classiccat.net) Musik, und unterlegt damit den Trailer. Produziert vier Versionen: langweilig – spannend – lustig – traurig. Schaut die Versionen im Klassenverband an, und überlegt, welchen Einfluss die Musik wohl auf den ganzen Film haben kann.
5. Welche Musikrichtung passt am besten zu welcher Stimmung? Ordne zu:

Techno ❑	❑ langweilig
Jazz (Dixieland, Ragtime) ❑	❑ traurig
Klassik (Klavier) ❑	❑ spannend
Ambient ❑	❑ lustig

Ergänze die Liste um eigene Beispiele.

Klassiker des Musikfilms 1/2

Musik kann in Filmen unterschiedlich wichtig sein.
Es gibt Filme

- ganz ohne Musik,
- in denen die Musik der Untermalung dient,
- in denen die Stimmung des Filmes unterstützt wird,
- die durch Musik verständlicher werden (z.B. „Star Wars“: Jede wichtige Rolle hat ihre eigene Melodie)
- da ist die Musik fast wichtiger als der Film: Musikfilme.

John Travolta

Aufgaben

1. Schaue dir, z.B. auf YouTube®, Ausschnitte und/oder Trailer aus den folgenden Klassikern des Musikfilms an: „West Side Story“, „Woodstock – 3 Days of Peace & Music“, „Hair“, „Saturday Night Fever“.

2. In der Tabelle auf Seite 2 ist einiges durcheinandergeraten. Ordne dem Film die richtigen Songs, Musikrichtung und die korrekte Handlung zu.

3. Beschließt im Klassenverband, welchen Film ihr euch ganz anschauen wollt. Besorgt euch diesen über ein Medienzentrum oder aus einer Videothek, und schaut ihn gemeinsam an.
   Vorher: Informiert euch über den Film:
   - Wann wurde der Film gedreht?
   - Wie heißen die Schauspieler – und aus welchen Filmen kennt man sie noch?
   - Wie heißt der Regisseur? Welche Filme sind außerdem von ihm?
   - Wie verläuft die Handlung? (Stellt Vermutungen an.)
   - Was für eine Art Film ist es?
   - Sorgt für Kinoatmosphäre (Projektion mit Beamer, Film ohne Pausen anschauen, z.B. nachmittags, Popcorn?)
   - Redet darüber, wie man sich im Kino verhält.

   Nachher: Diskutiert nach Ende des Films in Gruppen:
   - Was habt ihr erwartet – hat der Film eure Erwartungen erfüllt?
   - Was fandet ihr gut? Was fandet ihr nicht so gut?
   - Könnt ihr euch eine Fortsetzung vorstellen? Was müsste da das Thema/die Handlung sein?
   - Überlegt euch einen neuen Titel für den Film.
   - Erstellt ein eigenes Filmplakat.

Film	West Side Story	Woodstock – 3 Days of Peace & Music	Saturday Night Fever	Hair
Songs	Stayin' alive, How deep is your love, Night fever	Maria, America, I feel pretty	With a little help from my friends, The star-spangled Banner, I am going home	Aquarius, Let the sunshine in, Good morning starshine, 3–5–0–0
Handlung	Claude muss Ende der 1960er-Jahre in den Krieg nach Vietnam gehen. Auf dem Weg zur Musterung trifft er Hippies, denen er sich anschließt. Er verliebt sich dort in Sheila, ein Mädchen aus gutem Hause. Die Hippies und Sheila besuchen Claude, nachdem er zu seiner Einheit gegangen ist. Weil sie nicht in die Kaserne dürfen, geht einer der Hippies (Berger) in Uniform ins Lager, und Claude kann in Zivil die anderen treffen. Ausgerechnet jetzt startet der Flug nach Vietnam, und Berger, der immer gegen den Krieg war, muss mitfliegen. Zum Schluss stehen alle auf einem Soldatenfriedhof: Berger ist in Vietnam gefallen.	Tony arbeitet in einem Farbengeschäft. Sein wöchentlicher Höhepunkt ist der Besuch einer Disko, wo er der „King" ist. Dort lernt er Stephanie kennen. Sie beschließen, an einem Tanzwettbewerb teilzunehmen. Tony verliebt sich in seine Partnerin, Stephanie ist aber nicht an ihm interessiert. Sie trainieren hart zusammen und gewinnen tatsächlich. Tony freut sich nicht, da nach seiner Meinung ein anderes Paar besser war, aber wegen seiner puertoricanischen Abstammung den Preis nicht bekam. Zum Schluss finden Tony und Maria dafür doch noch zueinander.	In diesem Dokumentarfilm geht es um ein Musikfestival. Es treten die ganzen großen Bands der 1960er-Jahre auf: The Who, Jimi Hendrix, Janis Joplin … Neben den Live-Mitschnitten gibt es Interviews und Impressionen vom Festival. Der Film verwendet die Splitscreen-Technik, bei der teilweise bis zu drei Perspektiven nebeneinander gezeigt werden können.	Der Film erzählt eine Liebesgeschichte im New York der 1950er-Jahre: Tony und Maria sind verliebt, aber sie gehören unterschiedlichen Gangs an und dürfen nicht zusammen sein. Dann wird Tonys bester Freund von Marias Bruder getötet. Aus Rache tötet Tony Marias Bruder. Zum Schluss wird auch noch Tony in Marias Armen getötet – angesichts dieser Tragödien schließen beide Gangs Frieden.
Musikrichtung	Musical	Pop	Disco	Rock

Werbung und Musik

Werbung arbeitet oft nach dem **AIDA- Prinzip**:

AIDA	Bedeutung
attention	Die Aufmerksamkeit des Betrachters muss erregt werden.
interest	Der Betrachter soll einen zweiten Blick auf die Werbung werfen und sich dafür interessieren.
desire	Das Verlangen nach dem beworbenen Produkt soll sowohl rational als auch emotional geweckt werden.
action	Die Kaufhandlung soll ausgelöst werden.

Bei Werbespots gehört neben den Bildern häufig auch eine **besonders eingängige Musik** dazu: Jahrelang verband man z.B. nicht nur das Schiff mit den grünen Segeln mit einer bestimmten Biermarke, sondern auch den Song „Sail away“. Manchmal reichen dazu auch vier Töne, wie ein amerikanischer Prozessorenhersteller seit Jahren zeigt.

Aufgaben

1. Schaue dir fünf verschiedene Werbespots an, z.B. unter www.witzige-werbespots.tv. Untersuche daraufhin einen Spot: An welcher Stelle kommt welcher Teil? Erkennst du A I D A darin wieder?

2. Untersuche, mit welcher Musik welche Stimmung erzeugt wird. Trage deine Ergebnisse in eine Tabelle wie die folgende ein.

Werbespot	Wirkung	Musikrichtung

3. Erstellt selbst in Gruppen einen kleinen Werbespot nach dem AIDA-Prinzip, und nehmt ihn mit einer Kamera auf.

Video Killed the Radio Star 1/2

Schon in den **1950er-Jahren** hatte man erkannt, dass sich durch die **Kombination von Musik und Film** der Absatz von Schallplatten der beteiligten Stars steigern ließ. So entstanden viele Musikfilme von **Elvis Presley** und auch anderen Rock 'n' Rollern.
In den **1960er-Jahren** gab es noch **wenig Popmusik in den Medien**, nur zu bestimmten Zeiten im Radio und ganz selten auch im Fernsehen.
Die bekannteste Sendung in Deutschland war der **Beat-Club**. Dort zeigte man Bands live. Bald arbeiteten die Macher der Sendung dann mit Kameratricks, Bild- und später Farbeffekten, um die Wirkung der Musik zu unterstützen.
Da aber die Bands nicht immer an allen Orten gleichzeitig sein konnten, begannen die Produzenten, ihre Stars auch aufzuzeichnen. Die Stars hatten somit die Möglichkeit, sich von ihrer besten Seite zu zeigen, da sie nicht mehr live spielen mussten. Die **Beatles** waren eine der ersten Bands, die zu ihren Liedern auch kurze Filme drehten, in denen die Aussage des Songs unterstützt wurde.
Während der **1970er-Jahre** wurden diese Videos immer kreativer und ausgefeilter.
In den **1980er-Jahren** wurden dann die **Musiksender Viva und MTV** gegründet, und die Musikindustrie nutzte diese nun, um ihre Musik zu vermarkten. Es wurde viel Geld in Videos investiert, da diese immer mehr der Schlüssel zu guten Verkaufszahlen wurden. Ein besonderer Meilenstein war dabei das Video zu **Michael Jacksons** Song „Thriller" aus dem Jahr 1983: In dem mit 13 Minuten extrem langen Film wurde zum ersten Mal eine komplette Geschichte erzählt, außerdem arbeitete Regisseur John Landis mit für damalige Zeit herausragenden Spezialeffekten. Es war das bis dahin teuerste Musikvideo aller Zeiten und hat nicht wenig zum Erfolg des Albums „Thriller" beigetragen, das immer noch das meistverkaufte der Welt ist.

Elvis Presley

In den **1990er-Jahren** wurden die Videos immer perfekter und mit viel Computereinsatz produziert.
Seit 1984 verleiht MTV für die besten Videos jedes Jahr den Video Music Award in ca. 20 Kategorien.
Heutzutage sind die Musiksender schon wieder auf dem Rückzug (MTV nennt sich schon gar nicht mehr Musiksender), und es wird mehr über das **Internet** „Video" geschaut. Der Konsument ist unabhängig und stellt sich sein Programm selbst zusammen. Dazu kommt, dass die Musikindustrie durch das Internet immer weniger mit dem Verkauf von Musik verdient, sodass die Videos mittlerweile wieder eine untergeordnete Rolle spielen und deshalb wieder mit weniger Kosten und Aufwand hergestellt werden.

Aufgaben

1. Suche mit der Videosuche einer Suchmaschine nach folgenden Videos: „Jailhouse Rock", „Strawberry Fields Forever", „Bohemian Rhapsody", „Take On Me", „Sledgehammer", „Männer sind Schweine". Schaue dir über eines der Videoportale im Internet die Videos an.

2. Übertrage die folgende Tabelle auf ein Blatt Papier, und fülle sie aus.

	Jailhouse Rock	Strawberry Fields Forever	Bohemian Rhapsody	Take On Me	Sledgehammer	Männer sind Schweine
Sänger/Band						
Jahr						
Screenshot						
Video-Art/ Videotrick						
Inhalt						
Passen Musik und Video zusammen?						

Dabei helfen folgende Aufgaben:

a) Recherchiere im Internet die Sänger/Band und das Produktionsjahr des Videos.

b) Mache einen typischen Screenshot zu jedem Video (Screenshot: „Druck"-Taste drücken, dann in irgendeinem Grafikprogramm strg+v drücken. Größe verändern, Grafik speichern und drucken).

c) Welche Art von Video liegt vor? Ordne zu:
- Tanzfilm
- experimentelles Video
- bearbeitetes Live-Video
- Zeichentrick (abwechselnd Real-Film und Comic-Welt)
- Trickfilm (Legetrick)
- Video-Geschichte mit Animation

d) Mache eine kurze Inhaltsangabe der Videos.

e) Wie fandest du das Video, und wie passten Musik und Film zusammen? Benote den Clip, und begründe deine Meinung.

3. Das erste Lied, das 1981 auf MTV jemals lief, hieß „Video Killed the Radio Star". Erkläre den Songtitel, und nimm Stellung dazu:
- Glaubst du, dass dieser Titel die Wirklichkeit beschreibt?
- Schaust du regelmäßig Musikvideos? Wenn ja, wo und wann?
- Müsste der Song heutzutage „YouTube® Killed the Video Star" heißen?

Hitparaden sollen einen **Gradmesser für den Erfolg eines Musiktitels** darstellen: In den Musik-Charts höher platzierte Musiktitel sind erfolgreicher als Titel, die niedrigere Ränge der Charts einnehmen. Die „Nummer Eins“ ist demnach der erfolgreichste Musiktitel in einer Hitparade einer bestimmten Periode. Die Hitparade gibt Interessierten Auskunft über die **Rangfolge von Musiktiteln** nebst Interpret und zugehörigem Plattenlabel sowie über die vorangegangenen Platzierungen zurück bis zum Eintrittsdatum in die Charts.

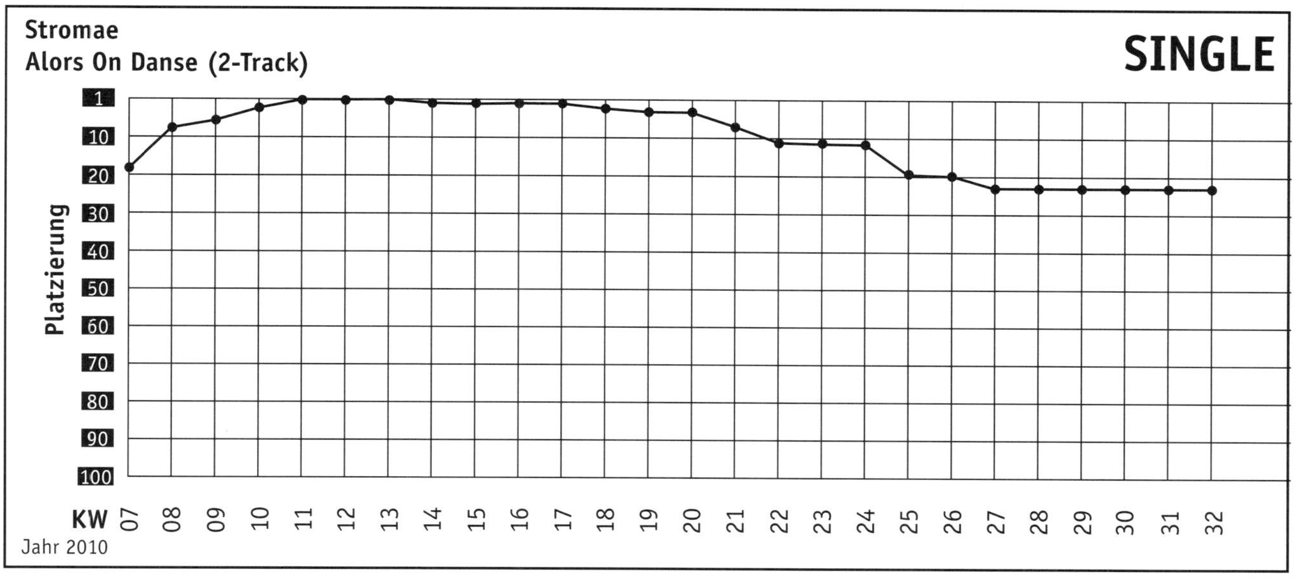

Fachbegriffe

- **Neuzugang** oder **Neueinstieg** („entry“, „newcomer“) sind Musiktitel, die erstmals nach ihrer offiziellen Veröffentlichung in einer aktuellen Hitparade gelistet werden.
- **Chartbreaker** oder auch **Chartstürmer** wird ein Lied oder ein Künstler bezeichnet, der auf einen der vordersten Chartplätze neu einsteigt oder seine Platzierung gegenüber der Vorwoche enorm verbessern kann. Bei einem Einstieg in eine Hitliste gleich auf den ersten Platz spricht man auch von „Null auf Eins“.
- Als **Aufsteiger** oder **Aufsteiger der Woche** werden Titel bezeichnet, die sich bei fortlaufenden Charts gegenüber der Platzierung aus der Vorwoche besonders verbessern konnten. In vielen Hitlisten gibt es daher eine Spalte, die eine Vorwochen-Platzierung ausweist.
- **Wiedereinsteiger** („re-entry“) sind Musiktitel, die bereits in einem Chart verzeichnet waren, aus diesem herausgefallen sind und nun wieder als Neuzugang auftauchen.
- **Chartplatzierung** ist der aktuelle sowie der höchste numerische Rang, den ein Musiktitel erreichen konnte.
- **Hit** (Mehrzahl: Hits) ist ein Musiktitel, der eine der oberen Platzierungen einer Hitparade erreicht hat. Entsprechend des Ausmaßes des Platzierungserfolges wird umgangssprachlich dann auch von einem „Super-Hit“, „Top-Hit“ oder „Mega-Hit“ gesprochen.
- **„Top Ten“** (auch: „Top 10“), **„Top Twenty“** oder **„Hot 100“** usw. sind Bezeichnungen für den Umfang einer Hitparade und auch für die Platzierung eines Musiktitels innerhalb dieses Bereichs.
- **„Nummer-eins-Hit“** oder **„Top-Hit“** beschreibt einen Musiktitel, der den ersten Rang einer Hitparade mindestens für eine Woche innehatte. In Deutschland gelten seit 1977 insbesondere die Media-Control-Charts als relevante Hitlisten für den wöchentlichen Nummer-eins-Hit von Deutschland.

Hitparaden

- **Verkaufscharts** bedeuten, dass ausschließlich die Verkäufe des Handels an Endverbraucher als Kriterium für die Rangfolge der „Bestsellerliste" ausschlaggebend sind. Die Media-Control wertet für ihre Charts z.B. Daten von über 2800 Händlern (90% des Musikhandels) aus.

- **Hörer- und Leser-Charts** werden häufig mittels Internet und/oder telefonischer Abstimmung zusammengestellt. Meist werden sie von Radio-, aber auch von Fernsehsendern veranstaltet.

- **Airplay-Charts** geben die Rangfolge der im Rundfunk gespielten Titel nach Anzahl der Einsätze pro Woche und Reichweite wieder. Die Charts können dabei z.B. durch die Auswertung der von den Sendern erstellten Sendelisten oder durch die direkte Beobachtung der gesendeten Programme erfolgen. Interessant ist diese Art der Erhebung vor allem für die Musik- und Medienbranche. Da Lieder zuerst von Radio- und Fernsehstationen gespielt werden, bevor sie in den Verkauf kommen, gilt der Airplay als ein Indikator für die Entwicklung eines Titels in den Verkaufscharts.

- **Händler-Charts** sind von größeren Händlern selbst zusammengestellte und in den eigenen Ladengeschäften ausgehängte, teilweise auch in Zeitungen oder auf Webseiten veröffentlichte Bestsellerlisten. Sie sind ein Marketinginstrument, welches den Verkauf fördert und auf das gelistete Repertoire verweisen soll. Rückschlüsse auf den Gesamtmarkt lassen sich nur bedingt ziehen, da händlerindividuelle Sortimente und Marketingmaßnahmen sich im Ergebnis niederschlagen.

(Informationen nach: www.wikipedia.de)

top single
official media control

Aufgaben

1. Besprecht, welche Charts hauptsächlich einen Musicvideoclip verkaufstechnisch zum Hit machen.

2. Nennt drei wesentliche Bedingungen für den Erfolg, und tragt sie hier ein:

   a) ______________________________

   b) ______________________________

   c) ______________________________

Charts-Rätsel

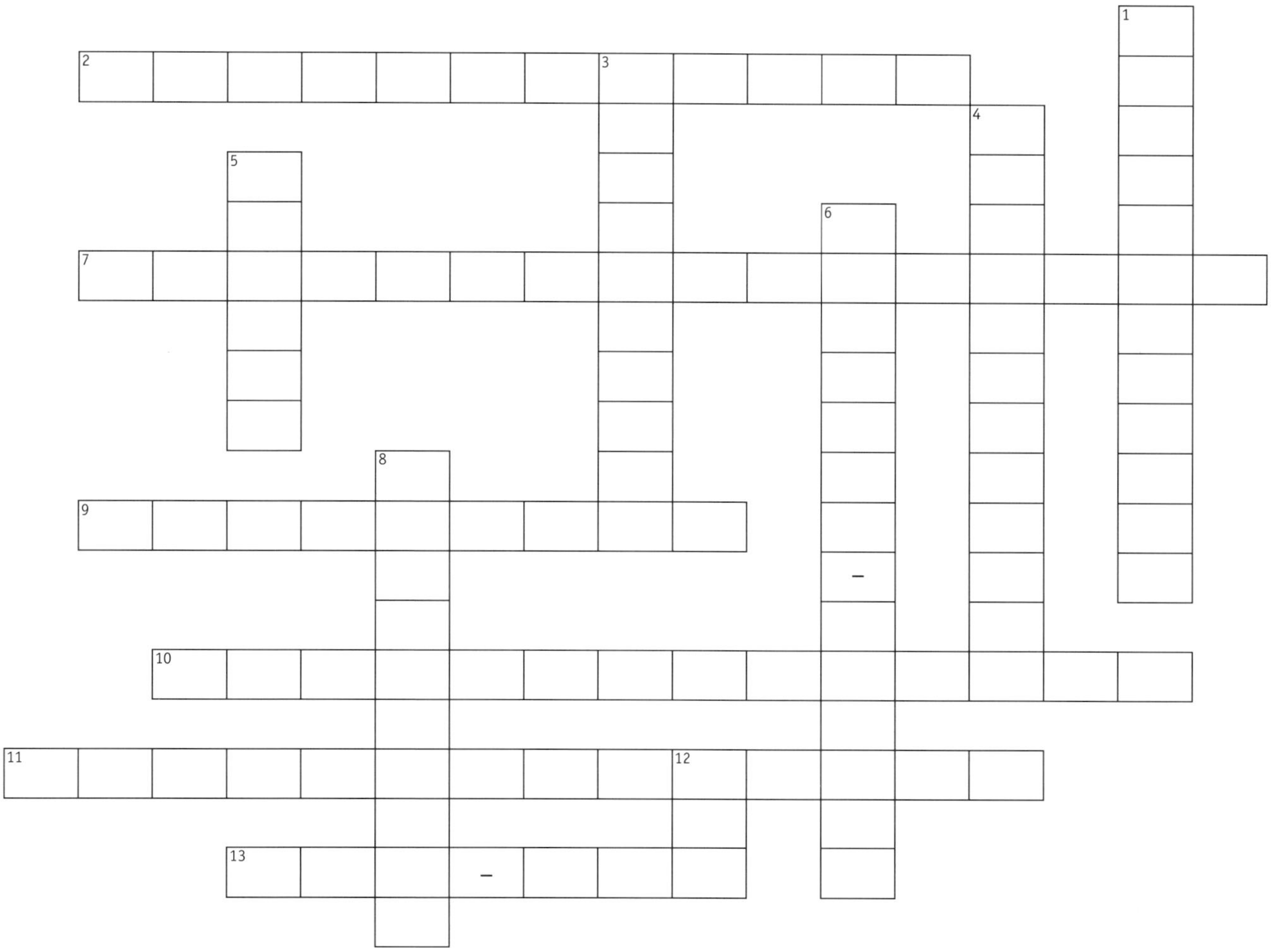

1. Aktueller junger amerikanischer Künstler, der sich über You Tube® zum Star machte.
2. Hitlisten, die mittels Internet und/oder telefonischer Abstimmung zusammengestellt werden.
3. Gradmesser für den Erfolg eines Musiktitels (deutsche Bezeichnung).
4. Einstieg in eine Hitliste gleich auf den ersten Plätzen.
5. Bestenlisten, die auf Basis der erfolgreichsten Verkaufstitel ermittelt werden (englische Bezeichnung).
6. Rangfolge der im Rundfunk gespielten Titel nach Anzahl der Einsätze pro Woche und Reichweite.
7. Aktuelle sowie der höchste numerische Rang, den ein Musiktitel erreichen konnte.
8. Kurzfilme, die ein Musikstück filmisch umsetzen.
9. Musiktitel, die erstmals nach ihrer offiziellen Veröffentlichung in einer aktuellen Hitparade gelistet werden.
10. Ausschließlich die Verkäufe des Handels an den Endverbraucher sind als Kriterium für die Rangfolge dieser „Bestsellerliste" ausschlaggebend.
11. Von größeren Händlern selbst zusammengestellte und in den eigenen Ladengeschäften ausgehängte, teilweise auch in Zeitungen oder auf Webseiten veröffentlichte Bestsellerlisten.
12. Ein Musiktitel, der eine der oberen Platzierungen einer Hitparade erreicht hat.
13. Musiktitel, der den ersten Rang einer Hitparade mindestens für eine Woche innehatte.

Anmerkung: Wörter mit Bindestrich werden im Rätsel genauso dargestellt – also Bindestrich verwenden. Umlaute werden aufgelöst (ä = ae, ö = oe, ü = ue).

Schau genau – Nummer-eins-Video-Hits

Musikvideos (auch Videoclips, Musikclips oder einfach Clips) sind Kurzfilme, die ein Musikstück filmisch umsetzen. Sie werden zumeist von einer Plattenfirma zu Werbezwecken in Auftrag gegeben. Meist dauern sie genau so lang wie das Stück und nutzen es als einzige Tonquelle. Jeder Musikclip hat **drei grundlegende Bestandteile**, welche seine Wirkung beeinflussen.

Darüber hinaus ist die Art der Verbreitung über Medien entscheidend für seinen Erfolg. Immer mehr Künstler nutzen neben den klassischen Medien Funk, Presse und Fernsehen das Internet, z.B. YouTube® und andere Plattformen, als Sprungbrett ins Geschäft.

YouTube® zeigt über zwei Milliarden Videoclips pro Tag. Davon werden täglich eine Vielzahl abgerufen. Doch welche Clips sind angesagt? Und warum?

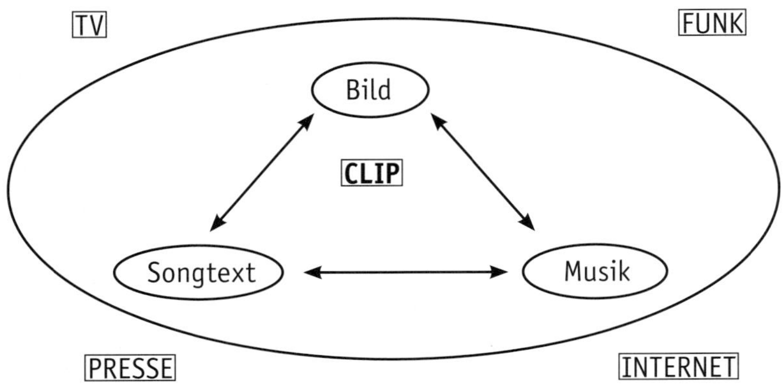

Aufgaben

1. Bildet Fünfer- bzw. Vierergruppen. Welche Musikclips sind momentan in den Charts im Netz besonders erfolgreich? Informiert euch im Internet, z.B. unter http://de.wikipedia.org/wiki/Portal:Charts_und_Popmusik, www.oljo.de/video_top100charts.html oder www.youtube.com/music?s=pop

2. Übertragt die folgende Liste in euer Heft. Tragt die Titel ein, und schaut euch die 10 Clips an.

Titel	Interpret/Band	Stil	Eigene Bewertung
1.			
2.			

3. Beurteilt die Qualität des Videos und die Musik. Entscheidet danach, welches eure Favoriten sind. Jeder hat drei Punkte, die er entweder einzeln oder insgesamt für seine Lieblingsvideos vergeben kann.

4. Vergleicht eure Ergebnisse mit den anderen Gruppen der Klasse. Ermittelt die drei beliebtesten Videos der Klasse.

5. In welchem Verhältnis stehen die drei Bestandteile Bild, Songtext und Musik bei eurem Videoclip? Was ist besonders gelungen? Warum? Gestaltet hierzu ein Plakat bzw. eine Folie.

Analyse eines Videoclips 1/2

Rihanna, Gewinnerin des MTV Video Music Awards 2007

Zur Analyse eines Videoclips gibt es acht Kategorien, die man dabei bearbeiten sollte.

1. Allgemeine Daten nennen
- Gruppe (bzw. Sänger) und Titel des Songs/ Videos
- Songtext: Sprache
- Länge (in Minuten/Sekunden)
- Musikrichtung
- Stimmung (tragisch, witzig, satirisch, brutal, romantisch usw.)
- Welche Filmmuster liegen dem Clip zu Grunde bzw. werden in ihm zitiert? (Krimi, Beziehungsdrama, Horror, Western, Werbespot, Science Fiction usw.)

2. Art des Videos festlegen
- Performance-Clip („Performance“ = Aufführung, handgemachte Musik oder tänzerische Fähigkeiten werden gezeigt):
  - Liveauftritt vor Publikum „reine Performance“, Konzert
  - Auftritt mit Bühne ohne Publikum
  - Auftritt ohne Bezug zu einer konkreten Aufführung, „Black Box“: computeranimierte Hintergrundbilder
- Konzept-Clip („filmische Umsetzung des Songtextes“)
  - Erzählende Handlung: erzählt wird eine fortlaufende Geschichte
  - Situative Handlung: Ereignisse spielen sich ab/werden erzählt, sind aber nicht in eine fortlaufende Geschichte eingebettet
  - Illustrierende Handlung: Bilder ergeben keinen Erzählzusammenhang, sondern sind auf den Text des Liedes, das Image der Gruppe oder andere einheitsstiftende Elemente bezogen.

3. Verlauf beschreiben
- steigernd, auf Höhepunkt hin
- reihend (eventuell auch mit Parallelhandlungen, die nebeneinander herlaufen)
- „Rondoform“: wiederkehrende (Refrain-)Elemente
- Kreisbewegung: Das Ende kehrt zum Anfang zurück

4. Bildfolge/Einstellungen erkunden
- Schnittfolge bzw. Länge/Zahl der einzelnen Sequenzen; eventuell auch als „Filmprotokoll“ mit exakten Angaben
- Vorherrschende Kameraperspektive(n) (Frosch-, Vogel-, Normalperspektive, Weitwinkel, Tele o.Ä.)

- Kamerabewegung (auf Objekt zu, vom Objekt weg, parallel, kreisend, schwankend, schnell, langsam usw.)
- Einstellungen (Großaufnahme, nah, weit, Totale usw.)
- Bildausschnitt(e), eventuell Aufteilung des Bildes
- Raumgestaltung/Orte
- Farbwirkungen (vorherrschende Farbe(n); Ähnlichkeiten, Kontraste)
- Verfremdungstechniken (Weichzeichner, Polarisation = Umkehrung der Farb- bzw. Schwarzweiß-Werte; Schwarzweißbilder usw.)

5. Figuren beschreiben

- Kleidung, Aufmachung, Maske
- Auftreten, Bewegung im Raum
- Gestik, Mimik
- Requisiten: Instrumente, Fahrzeuge, Waffen, Geräte etc.
- Verhalten: Handlungen, Aktionen

6. Verhältnis Bild-Ton festlegen

- Parallelen oder Unterschiede im Rhythmus zwischen Bild(schnitt), Personenbewegung und Musik
- Inhaltliche Parallelen Songtext – Bild/Handlung des Clips: Wie werden diese Parallelen umgesetzt?
- Auffallende Besonderheiten in der Beziehung Musik – Bild (z.B. Lücken, Sprünge, Bewegung usw.)

7. Inhaltliche Elemente aufzeigen

- Geschlechts- und/oder Verhaltensrollen
- Sexualität
  a) Offen/verdeckt
  b) Besondere (Ausdrucks-)Formen
  c) Gewalt, Nähe, Zärtlichkeit, Distanz usw.
- Ungewöhnliche Verhaltensweisen: Wahnsinn, Krankheit, Komik
- Politische, kulturelle, sportliche Muster oder Symbole
- Motive aus Mythologie, Literatur, Kunst, Film, Werbung usw. (einzelne Bildelemente, die zitiert werden)
- Symbole und ihre Rangfolge, Bedeutung und Funktion für den Clip

8. Wirkung und Wertung zusammenfassen

- Eigenes Urteil über den Clip (mit Begründung)

(Informationen nach: www.thomasgransow.de/Fachmethoden/Videoclips.html)

Aufgabe

Schreibe einen kurzen Fachbeitrag über einen Videoclip, und benutze als Hilfe dabei die angegebenen Kategorien. Ihr könnt euch dazu ein preisgekröntes Video aussuchen oder ihr nehmt einfach euer aktuelles Lieblingsvideo.

Lösungen

Filmische Gestaltung (S. 5)

1. **Totale:** Abbildung einer oder mehrerer Personen in der Umgebung. Sie führt die Örtlichkeit und/ oder die Handlung ein. Die Umgebung dominiert im Bild.

   Halbtotale: Sie zeigt einen Menschen von Kopf bis Fuß oder ein Objekt vollständig. Sie kann eine Person einführen oder sie begleiten.

   Halbnahe Aufnahme: Sie zeigt den Menschen von der Hüfte an aufwärts. Sie zeigt dem Zuschauer mehr von der Handlung und lenkt das Interesse auf eine Person.

   Nahaufnahme: Das Brustbild einer Person. Die Umgebung spielt kaum mehr eine Rolle. Sie ist die am häufigsten für Dialoge oder in Interviews verwendete Größe. Man stellt damit mehr Nähe zur Filmfigur her, kann ihr Verhalten, ihre Aktionen und Reaktionen zeigen.

   Großaufnahme: Sie zeigt den Kopf oberhalb der Schultern und erlaubt eine größere Annäherung an die Filmfigur. Irgendwie ein Mittelding zwischen der Nahen und der Großen. Eine eher im Videobereich verwendete Größe.

   Detailaufnahme: Kinn und Stirn sind angeschnitten. Keine belanglose Größe, sondern eine besonders dichte, die man mit Bedacht einsetzen sollte. Sie kann innere Zustände und Emotionen besonders intensiv, vielleicht fast zu formatfüllend abbilden.

2.

Einstellung	Zeit	Einstellungsgröße	Sprechtext/Musik
1	0:00	Halbnah, Einstellung bis zur Hüfte	Flötenläufe mit Bandeinwürfen
2	0:07	Detail Flöte	
3	0:13	Großaufnahme Gesicht, rechte Seite	
4	0:16	Großaufnahme Gesicht, frontal	Verzerrte Sechzehntelläufe (Solo)
5	0:22	Detail Flöte/Mikrofon	Staccato-Töne-Steigerung bis zum höchsten Ton
6	0:32	Schwenk auf Nahaufnahme, linke Seite	Flöte mit gleichzeitigem rhythmischen Gesang, Steigerung der Geschwindigkeit (accelerando)
7	0:42	Detail – Hände und Flöte	
8	0:48	Großaufnahme Gesicht, rechte Seite mit vertikalem Kameraschwenk	Schnelle Läufe bis zu tiefsten Tönen münden in langgezogenen Tönen
9	0:55	Detailaufnahme, Finger auf der Flöte	Entschleunigung der Geschwindigkeit (ritardando)

Lösungen

Kreuzworträtsel Filmsprache (S. 6)

				4 K		8 S	C	11 H	W	E	N	K					5 S
				A				A									U
	7 Z	O	O	M		10 H	A	L	B	N	A	H	E				B
				E				B									J
				R				15 T	O	T	A	L	E				E
	9 T	O	T	A	L	E		O							6 S		K
				P				T							C		T
			13 W	E	I	S	S	A	B	G	L	E	I	C	H		I
				R				L							N		V
	12 F	R	O	S	C	H	P	E	R	S	P	E	K	T	I	V	E
				P											T		K
			14 D	E	T	A	I	L							T		A
1 S				K													M
2 E	I	N	S	T	E	L	L	U	N	G	S	G	R	Ö	S	S	E
C				I													R
H				V													A
S				3 E	I	N	S	T	E	L	L	U	N	G			

Klassiker des Musikfilms (S. 22)

Film	West Side Story (A)	Woodstock – 3 Days of Peace & Music (B)	Saturday Night Fever (C)	Hair (D)
Songs	Maria, America, I feel pretty	With a little help from my friends, The star-spangled Banner, I am going home	Stayin' alive, How deep is your love, Night fever	Aquarius, Let the sunshine in, Good morning starshine, 3–5–0–0
Handlung	Der Film erzählt eine Liebesgeschichte im New York der 1950er-Jahre: Tony und Maria sind verliebt, aber sie gehören unterschiedlichen Gangs an und dürfen nicht zusammen sein. Dann wird Tonys bester Freund von Marias Bruder getötet. Aus Rache tötet Tony Marias Bruder. Zum Schluss wird auch noch Tony in Marias Armen getötet – angesichts dieser Tragödien schließen beide Gangs Frieden.	In diesem Dokumentarfilm geht es um ein Musikfestival. Es treten die ganzen großen Bands der 1960er-Jahre auf: The Who, Jimi Hendrix, Janis Joplin … Neben den Live-Mitschnitten gibt es Interviews und Impressionen vom Festival. Der Film verwendet die Splitscreen-Technik, bei der teilweise bis zu drei Perspektiven nebeneinander gezeigt werden können.	Tony arbeitet in einem Farbengeschäft. Sein wöchentlicher Höhepunkt ist der Besuch einer Disko, wo er der „King" ist. Dort lernt er Stephanie kennen. Sie beschließen, an einem Tanzwettbewerb teilzunehmen. Tony verliebt sich in seine Partnerin, Stephanie ist aber nicht an ihm interessiert. Sie trainieren hart zusammen und gewinnen tatsächlich. Tony freut sich nicht, da nach seiner Meinung ein anderes Paar besser war, aber wegen seiner puertoricanischen Abstammung den Preis nicht bekam. Zum Schluss finden Tony und Maria dafür doch noch zueinander.	Claude muss Ende der 1960er-Jahre in den Krieg nach Vietnam gehen. Auf dem Weg zur Musterung trifft er Hippies, denen er sich anschließt. Er verliebt sich dort in Sheila, ein Mädchen aus gutem Hause. Die Hippies und Sheila besuchen Claude, nachdem er zu seiner Einheit gegangen ist. Weil sie nicht in die Kaserne dürfen, geht einer der Hippies (Berger) in Uniform ins Lager, und Claude kann in Zivil die anderen treffen. Ausgerechnet jetzt startet der Flug nach Vietnam, und Berger, der immer gegen den Krieg war, muss mitfliegen. Zum Schluss stehen alle auf einem Soldatenfriedhof: Berger ist in Vietnam gefallen.
Musikrichtung	Musical	Rock	Disco	Pop

Lösungen

Video Killed the Radio Star (S. 25)

Song	Jailhouse Rock	Strawberry Fields Forever	Bohemian Rhapsody	Take On Me	Sledgehammer	Männer sind Schweine
Jahr	1957	1967	1975	1984	1986	1998
Video-Art/ Videotrick	Tanzfilm	experimentelles Video	bearbeitetes Live-Video	Zeichentrick (abwechselnd Real-Film und Comic-Welt)	Trickfilm (Legetrick)	Video-Geschichte mit Animation
Inhalt	Die Szene ist wie eine Theaterbühne aufgebaut. Sie spielt in einem Gefängnis (Jailhouse). Die Gefangenen kommen aus den Zellen und tanzen. Elvis ist einer von ihnen. Zum Schluss gehen sie wieder alle in ihre Zellen zurück.	Das Video spielt auf einer Wiese. Auf der Wiese steht ein Klavier. Die Szene ist surreal. Normalerweise steht kein Klavier mitten auf einer Wiese. Die Beatles treten in Erscheinung. Dadurch, dass der Film rückwärtsläuft, bewegen sie sich seltsam. Zum Schluss gibt es ein Happening mit dem Klavier: Es wird mit Farbe beschmiert.	Das Video zeigt ein gestelltes Live-Konzert. Es werden verschiedene Filmtricks (Überblendungen, Einblendungen) verwendet.	Eine junge Frau liest ein Comic. Der Held aus dem Comic lockt sie in das Comic: Sie fliehen vor zwei bösen Männern. Der Held rettet sie. Zum Schluss kommt der Comic-Held in die reale Welt, und es gibt ein Happy End.	In der ersten Hälfte des Videos sieht man nur Peter Gabriels Gesicht, das immer wieder mit verschiedenen Filmtricks verändert wird. In der Mitte gibt es zur Flöte ein Hühnerballett. Zum Schluss gibt es eine Tanzszene in einem virtuellen Raum.	Lara Croft verfolgt die Ärzte. Diese bewaffnen sich und schießen brutal zurück. Es kommt zu einem Schusswechsel. Dann gibt es eine Schlägerei, und zum Schluss sind die Ärzte tot.

Charts-Kreuzworträtsel (S. 29)

															1 J	
	2 H	O	E	R	E	R	C	3 H	A	R	T	S			U	
								I					4 C		S	
			5 C					T					H		T	
			H					P			6 A		A		I	
	7 C	H	A	R	T	P	L	A	T	Z	I	E	R	U	N	G
			R					R			R		T		B	
			T					A			P		B		I	
			S					D			L		R		E	
					8 M			E			A		E		B	
	9 N	E	U	Z	U	G	A	N	G		Y		A		E	
					S						–		K		R	
					I						C		E			
		10 V	E	R	K	A	U	F	S	C	H	A	R	T	S	
					C						A					
11 H	A	E	N	D	L	E	R	C	12 H	A	R	T	S			
					I				I		T					
			13 T	O	P	–	H	I	T		S					
					S											

Monkey Jam-Kurzanleitung

1. Programm starten

Das Fenster beinhaltet:

Menueleiste

Bildvorschau

Arbeitsbereich

2. Voreinstellungen wählen

unter „Settings“

Hier wird die Anzahl der Bilder pro Sekunde festgelegt.

Für Videoaufnahmen den Wert 12 eingeben.

Für Scanner bitte 5

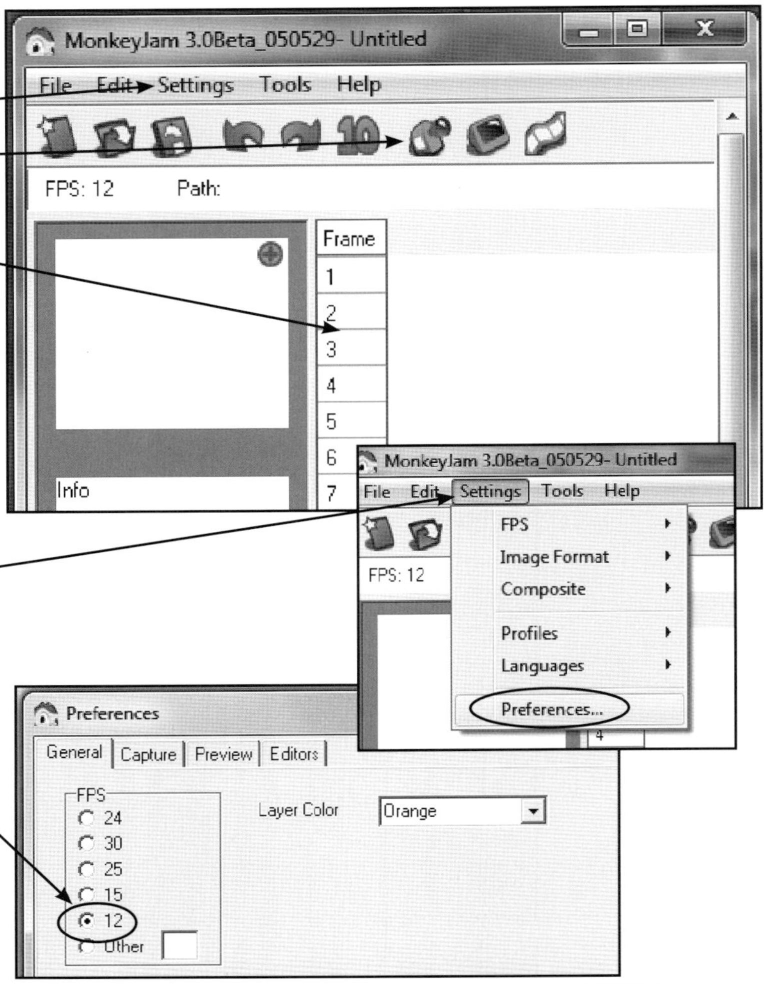

- Feld „Capture“ öffnen
- „Stopmotion“ wählen
- Imagehold = die Anzahl der Bilder im Arbeitsbereich auf „1“ stellen
- Numbering = „Sequential“, die Nummerierung der Bilder erfolgt nacheinander
- Image Format = Bildformat „jpeg“ einstellen

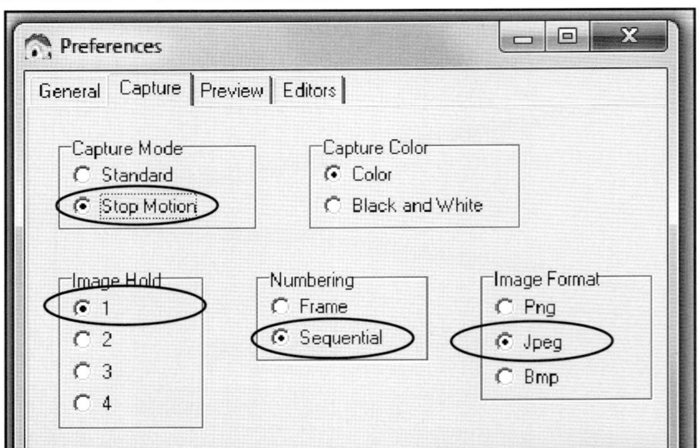

3. Projekt sichern

Projektordner und Name der Datei eingeben

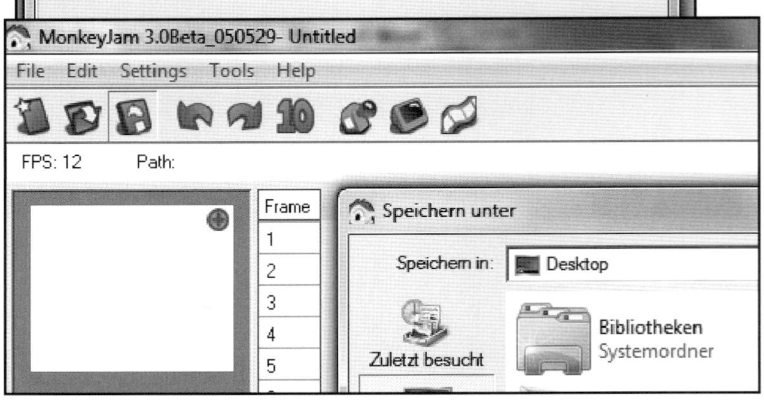

Videos verstehen

Jens Hildebrand:
Film. Ratgeber für Lehrer.
Aulis, 2006.

Henry Keazor, Thorsten Wübbena:
Video thrills the Radio Star. Musikvideos: Geschichte, Themen, Analyse.
Transcript: 2. überarb. Auflage, 2007.

Stefan Munaretto:
Königs Lernhilfen – Wie analysiere ich einen Film?
C. Bange-Verlag, 2. Auflage, 2009.

Videoproduktion

Heinz Geuen, Michael Rappe:
Video im Musikunterricht
Videoclips, Musik für Augen und Ohren. Themenheft für Schüler ab der 7. Jahrgangsstufe (Heft und DVD).
Helbing, 2009.

Thomas Sandmann:
Musikvideo-Produktion: Ohne Budget zum professionellen Video
Ppv Medien, 2008.

Internet-Links

Video allgemein:
www.mediaculture-online.de/Film-Video.1291.0.html
http://lehrerfortbildung-bw.de/werkstatt/video/
www.slashcam.de/
www.movie-college.de/filmschule/index.htm
www.mediamanual.at/mediamanual/workshop/index.php
www.vierundzwanzig.de/

Medientipps

Ton, Musik und Geräusche

Audiowerkstatt:
www.mediaculture-online.de/Links.1505.0.html
http://lehrerfortbildung-bw.de/werkstatt/sound/

Grundwissen Mikrofone:
http://www.mediaculture-online.de/fileadmin/bibliothek/rein_mikrofonfibel/rein_mikrofonfibel.pdf

GEMA-freie Musik und Geräusche:
www.mediaculture-online.de/Freie-Inhalte-finden.1229.0.html
http://cineschool.ph-freiburg.de/Gemafreie-Musik.249.0.html
http://lehrerfortbildung-bw.de/werkstatt/freemedia/audios/

Videodreh

www.emzbayern.de/cms/fileadmin/medienerziehung/reli/video1.pdf
www.lernscouts.de/content/cont52.htm
www.sf.tv/sfwissen/manualx.php?catid=sfwissenmanualx&docid=1

Urheberrecht, Datenschutz und Sicherheit

Wissenswertes über Datenschutz und Urheberrecht in der Schule:
http://lehrerfortbildung-bw.de/sueb/recht/
http://lehrerfortbildung-bw.de/sueb/recht/urh/checkl/
www.klicksafe.de/service/aktuelles/news/praktischer-ratgeber-zum-urheberrecht.html

Mustervertrag: Dokumentvorlage: Einwilligung der Schüler/innen zur Veröffentlichung personen- oder urheberrechtsbezogener Daten im Internet
www.lehrer-online.de/dyn/bin/325838-325840-1-mustertext_einwilligung_schuelerinnen.rtf